002

003

004

005

006

007

008

009

3

011

012

013

014

015

016

017

018

019

020

021

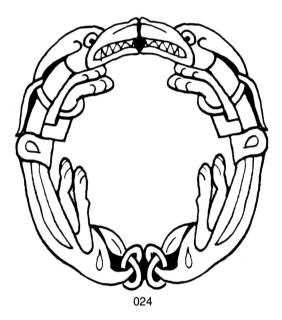

022

023

024

025

026

027

028

030

031

032

033

034

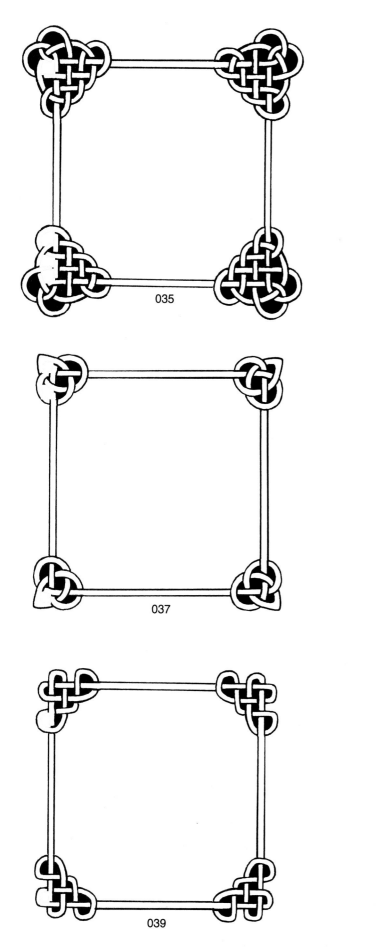

035

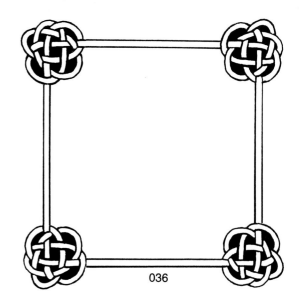

036

037

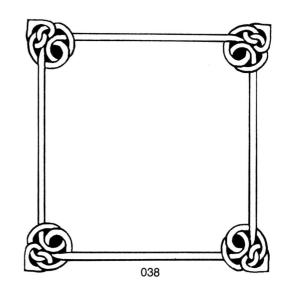

038

039

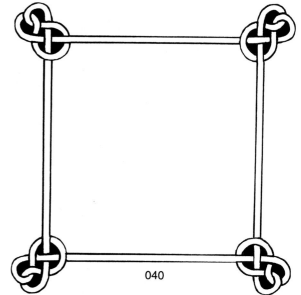

040

041

042

043

044

045

046

13

047

048

049

050

051

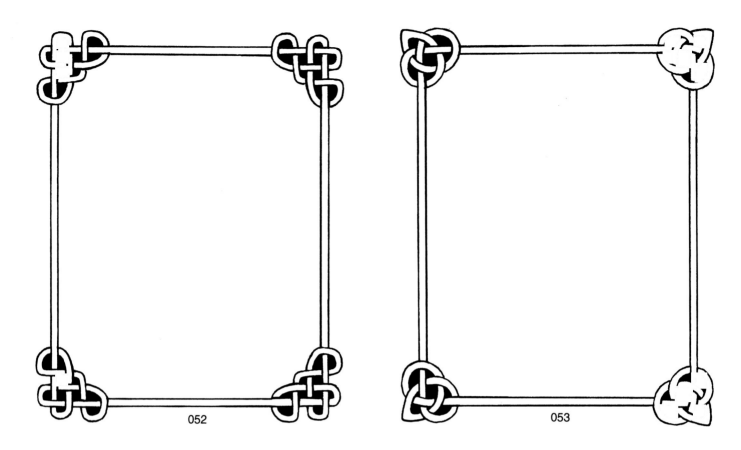

052

053

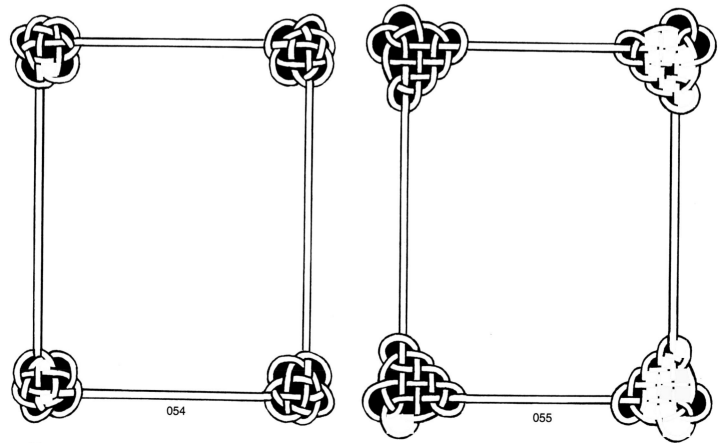

054

055

056

057

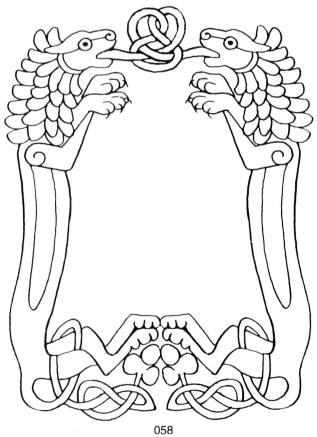

058

059

060

061

062

063

064

065

067

068

069

070

071

072

23

073

074

075

076

077

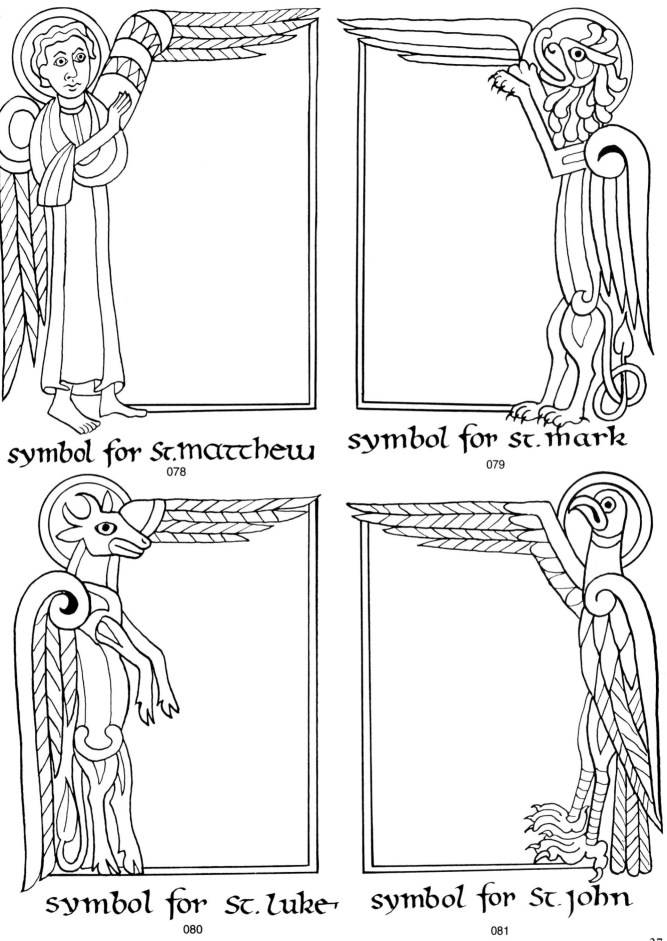

symbol for st. matthew

078

symbol for st. mark

079

symbol for st. luke

080

symbol for st. john

081

082

083

084

085

086

087

088

089

090

091

092

093

094

095

096

32